UN POEMA, UNA HISTORIA

ÓSCAR J. SERNA
El poeta del pueblo

Un Poema,
Una Historia

Oscar J. Serna
El poeta del pueblo

Titulo original:
Un Poema, Una historia
Primera edición: 2019

Cel.: 316 832 89 20 Email: oscarsernaosorio@gmail.com
Impreso en Colombia
Diseño e Impresión: Molano Publicidad

Escrito a una región, un país,
un mundo de arte y cultura

Reconocimientos a:

Pedro Tafur, autor principal de la idea de escribir este libro.
Jesús Hernando Villamizar, protector y promotor de artistas e incondicional amigo.
A ese gran motivador y realizador de sueños literarios llamado Carlos Molano y su hermano Alfonso.
Fernando López, compañero de lides artísticas; Gustavo Arias, el traficante de palabras.

Para todos ellos mi gratitud perenne.

PRÓLOGO

Ahora que al fin se materializa la ilusión de ver en letras de molde, esta luminosa faceta artística de Oscar J Serna, que es su propia creación poética, no me pude resistir a la tentación de contar como nació y se incubó la idea en el bien llamado poeta del pueblo, de escribir sus propios versos.

Todo comenzó hace algún tiempo, cuando recibí de Oscar por escrito una felicitación con motivo de mi cumpleaños, debería haber sido una más, entre las tantas que recibí ese día y las que me han dado en mi ya larga existencia.

Más para bien del arte no fue así, porque nos cautivó a todos los que tuvimos la fortuna de leerla, y aquella vez no solamente fui yo el felicitado, sino también el autor de esa bonita nota onomástica.

No transcribiré aquí lo que me dijo, pero si diré que había gracia en sus palabras, que eran amenas, sinceras, nacidas del alma y muy artísticas; eran las palabras, no de un declamador, como hasta entonces había venido siendo Oscar, muy bueno por cierto, sino las de un poeta.

Recuerdo que en público le agradecí su mensaje y en privado le dije que debería considerar la posibilidad de escribir sus propios poemas y para mi alegría me hizo caso y prueba de ello es esta selección de poemas emanados de la sensibilidad de Oscar J Serna, el poeta del pueblo.

No me queda más que darle las gracias a Oscar, y a ustedes queridos lectores, decirles que disfruten como yo de las andanzas por la vida y las letras de este juglar urbano nacido en San Félix, Caldas y residenciado en el corazón de quienes tenemos el privilegio de deleitarnos con su arte.

Gustavo Arias

(Escritor, compositor y creador del crucigrama más grande del mundo)

Indice

Capítulo I Poema

A TÍ

POR BELLA Y NATURAL

Cuán esbelta, viva y lúcida dama
te eriges sobre verde reposar,
siempre abierta a ser tocada,
por un dedo, una mirada,
un suspiro, un gran soñar.

Eres tú tan femenina
delicada y sin igual,
que daño nunca quisiera,
ni siquiera imaginar.
Oh bella naturaleza
te mereces mi cantar
y contarle al mundo entero,
de una tierra por mostrar.

Si un día Dios decidiera
tu cuidado delegar,
sería río, sería brisa,
sería sol, sería trinar;
sería verdor, sería calma,
sería camino y danzar,
sería paz, sería silencio,
sería motivo y soñar.

Sería **río** pa' que las aguas
cristalinas al correr,
fueran cual venas azules
alimentando tu ser.

Sería **brisa** mañanera
regando tu linda faz,
abonando tu hermosura,
saciando tu germinar.

Sería **sol** en la tarde
de divina inspiración,
y calentaría tu piel,
tú alma, tu corazón.

Sería **trinar** de los loros
anunciando porvenir,
como coro angelical
bendiciendo tu existir.

Sería **verdor** en tu ambiente,
de gratitud y constancia,
y brotaría de ese
vientre
amor, vida y esperanza.

Sería la **calma** en la guerra
de una mente turbulenta,
y el generoso perdón
ante la agresiva afrenta.

Sería **camino** que al paso
de tu andar fuera marcando,
las huellas de un gran legado
que detrás iría dejando.

Sería **danzar** de palmeras,
por el gran vaivén del viento,
rítmica coreografía
de cadencia y movimiento.

Sería **paz**, gozo y ternura
de ambiente primaveral,
dando acogida a tu esencia
en abrazo fraternal.

Sería **silencio** oportuno
si estás en meditación;
ambiente paradisíaco,
de total relajación.

Sería **motivo** y excusa
para a ti siempre llegar
y hacer de ti mi refugio
y en tu suelo descansar.

Y sería **soñar** despierto
terruño de mis amores,
con tan preciosa armonía
de matices y colores,
de gusto, aroma, sabores,
de paisajes sin igual
y embriagarme en tu ambrosía

¡QUERIENDO SIEMPRE ALLÍ ESTAR

Capítulo II Poema

PARA VOS AMIGO (A)

Hola hermano, hola parce,
hola friend, hola compa;
que es lo mismo que decir: HOLA AMIGO.

Hoy me atrevo a describirte
porque sos genial, bacano,
sos altruista mi hermano,
con quien hoy puedo contar
y a quien puedo comentar
lo que me viene pasando;
y siempre estás escuchando
mi bueno o malo discurso;
recurres a tu paciencia
cuando enojado a tí llego;
nunca me das hasta luegos
ni hablando solo me dejas;
atento escuchas mis quejas
para brindar pronta ayuda,
y con sonrisas y abrazos
sueles resolver mis dudas.

Sos amigo de quilates,
vales mucho más que el oro;
por ello hoy de dicha lloro
por contar con tu presencia,
y gozar con tu inocencia
cuando a ser niños jugamos;
pues no siempre lo que hablamos
es fruto de madurez,

me gusta la estupidez que hago,
que digo y comento
la cual volviéndola un cuento
multiplica la alegría
que con tu actitud y la mía
seguro transforma el mundo
y hace de este existir
un bello suelo fecundo.

Sólo le pido a la vida
poderte retribuir
con dicha y sin egoísmo
como lo haces tú por mí,
al entregar casi todo
sin buscar retribución;
sin crítica ni señal,
condición o imposición;
pues ello es lo que merece
la persona que, a mi lado,
tanto de su tiempo ha dado
para mi satisfacción;
y que sueña con dar más...
de lo que hay en su interior.

Abrazos amig@s y mucho amoooor.

Capítulo III Reflexión

INCERTIDUMBRE

Otro día en el cual el sol radiante entra por mi ventana iluminándolo todo como presto a brindar una gran alegría; es la gracia de Dios adornando la naturaleza, haciendo resplandecer tan magnífica obra que sólo él pudo haber hecho para engalanarnos.

Otro día en el cual mi pensamiento sólo puede volcarse hacia la vida para llenarla de peticiones, pues es otro día en el cual mi sol interior no puede brillar, ya que unas nubes de oscuro desasosiego, angustia y tristeza, no permiten que el encanto de la vida llene de esplendor mi existir.

Es otro día en el cual cada minuto que pasa, viene cargado de presiones vagas; de sinsabores; de pensamientos vanos; de un dolor del pasado que por más que se quiera, no se puede olvidar; son esas cargas de impotencia las que me arrastran a tan crueles amarguras.

Otro día en el cual mis especulaciones se encuentran acompañadas por un gran interrogante: ¿valdrá la pena esperar un mañana? Una respuesta que sólo tiene ese inescrutable y gran vendedor de esperanzas y maravillas llamado porvenir.

Otro día en el cual la gran pregunta viene a formar parte del corto lenguaje:

¿Hasta cuándo viviré preso de mis propios errores? ¿Hasta cuándo me marcará un pasado que ha sido como un yugo sobre mi cerviz?

¿Hasta cuándo la tristeza hará parte de cada día?

¿Hasta cuándo la nostalgia ocupará mi ser?

Otro día en el que sólo queda mirar al frente y caminar erguido, confiar en la bondadosa providencia y andar convencido que me extenderá su mano para ser mi guía y camino; para levantarme al gozo y entusiasmo; para cantar con júbilo y tranquilidad; para ver la divina gracia del universo, y sentir su aliento, su amor y el regalo que es este otro día.*

*Reflexión nacida en un momento de incertidumbre el 4 de septiembre de 2003.

Capítulo IV Poema

Y DIJO DIOS...

Para nada es bueno
que el hombre esté solo,
le crearé un ser a su semejanza
que le alise el pelo,
le sobe la panza.

Este ser supremo
con toda certeza
evitará que todo
lo gaste en cerveza.

Le hará el desayuno,
planchará el vestido;
y lo hará sin duda
un hombre cumplido.

Le dará unos hijos,
gran felicidad;
y así una familia
sin duda serán.

A esta obra de arte
llamará mujer;
será tan hermosa
como no hay por ver.

Será para el hombre
de gran gallardía,
su gran compañera
de noche y de día.

Será tan esbelta
y bonita, cual flor;
y como una rosa
símbolo de amor.

Le llamarán madre,
esposa, novia, amante;
Y brillará entre todo
como sol radiante.

Gracias por ser lindas
hoy y en otros días;
este es mi regalo
canto y poesía.

Capítulo V Poema

LA FIESTA DE LA PAZ

¿Y que por qué estoy riendo?
y por qué no habría de hacerlo;
si ayer todo lo impedía,
la guerra que había en los pueblos.
ni siquiera los más chicos
que jugaban en el parque,
se escapan al estruendo
de las balas disparadas,
que hacían eco en los oídos
de la alegre muchachada.

La zozobra se veía
por toditos los rincones;
el mal genio de los viejos
se expresaba en sus acciones;
y la mama buena gente
que siempre fue gran señora,
ya la andábamos tildando
de fuerte y de regañona.

El ambiente en los negocios
y lugares de alegría,
se fue desaparecido
pues nadie allí departía;
solamente se escuchaba
en una esquina a dos vecinos,
lamentando el doloroso
maltrato a
los campesinos.

Cuando alguien se aparecía
buscando a algún conocido;
le decían sus parientes:
"no señor su amigo se ha ido"
empacó sus cuatro cosas,
de nosotros se ha marchado;
es otro de aquellos muchos
contao como desplazao.

Las parejitas de novios
se abrazaban en la plaza;
inspiraban sus caricias
en el agua de la fuente,
soñaban con nubes rosa
y con el cielo en sus manos;
sin pensar que el gran conflicto,
haría de estos... sueños vanos.

Nada gano recordando
la sangre allí derramada,
que hizo parte de una historia
hoy muy bien o mal contada;
que dejaría unos recuerdos
imborrables en las mentes,
de quién tanto amó a los suyos
y los perdió de repente.

La historia se vuelve alegre,
se lo cuento mi señor;
que los que ayer se habían
ido hoy regresan con fervor
a regar sus sembradíos
y levantar su ganao
y hacen cuenta que eso malo
ya es un pasao olvidao.

Y hoy siento gozo en el alma
y en los poros alegría
pues ya regresó la calma
a nuestra patria querida;
mirá pues como esos niños
se divierten en sus juegos
y la fuente ha vuelto a ser,
testigo de lindos sueños.

Hoy solamente queremos
que este buen clima perdure
y que la paz deseada
por vida entera nos dure;
que la historia pa' futuro
no sea de pena y dolores
y que a Colombia vivemos
con cantos, hurras y loores.

Capitulo VI Reflexión

CAMBIO DE PLANES

Hoy desperté con un concepto diferente de la vida.
Seré libre, seré yo, no viviré la vida de otros; no dejaré que mi mente la ocupen situaciones o acciones de otros; veré sólo mi camino, seré cómo el caballo cochero, que no mira a los lados; no escucharé sino lo que me convenga y no le hablaré sino a quien deba responderle.

Hoy no escucharé ni me inquietará la voz de aquel necesitado que perturba mi momento pidiéndome una moneda para su pan.

Hoy no me fijaré en los ojos llorosos del niño en el regazo de su madre clamando por un tetero y un carrito de juguete.

Hoy renuncio a sentir compasión por aquel enfermo que, en un andén de cualquier calle, desea ser atendido por un servicio de salud.
Hoy no escucharé al inconsciente que dejó su dignidad en un mundo de drogas y alcohol, del cual ya no cree poder escapar.

Hoy ni siquiera pensaré en quien, por haber cometido un error, hace de una cárcel su obligado lugar de residencia.

Hoy no me interesaré en el campesino maltratado que abandonará su tierra por causa de la violencia.

Hoy no recordaré los millones de dólares saqueados del erario público, con los que debieron construirse la escuela, la vía, o el hospital de algún pueblo.

Hoy quise ser otro... pero llegó la noche y me di cuenta que mientras tenga un corazón; este jamás dejará de latir por el desconocido que es mi hermano...hoy me di cuenta que por más insensible que quiera ser, siempre mis ojos, mis palabras, mis pensamientos y mis acciones querrán hacer por otros, lo que otros seguramente harán por mí.

Hoy entendí que no quiero ni puedo ser libre, mientras que a mi semejante lo aten cadenas que yo podría ayudar a desatar.
Y también pensé que tal vez usted, quiera, como yo, despertar del mal sueño de la indiferencia.

Capítulo VI Poema

ODA A MI ESPEJO

Cuán tremendo y duro fuiste
conmigo en esas mañanas,
que en tu reflejo buscaba
alegrar mi rostro triste;
ese alivio no me diste
aunque tanto lo implorara,
pero en cambio me mostrabas,
pena, confusión, tristeza,
displicencia y cobardía;
recalcando una tragedia,
que, en las huellas de mi cara,
esconderse no podía.

Me querías privar de todo,
lo que yo tenía por vida,
a cambio de devolverme
esa extraviada sonrisa
que perdí jugando copas
en fraudulentas partidas,
pocas veces rey de noche
y siempre un paria en el día.

Tanto que te suplicaba;
suavizaras mi agonía
restituyendo el semblante
bueno que antaño tenía,
pero entre más te miraba
más hosco me parecías
aunque un destello en los ojos,
de mirada enrojecida,
de esa imagen desgastada
en francachelas y orgías;
avivaron mi esperanza
de encontrar una salida.

Me di en espiar el destello
que de tu luna venía
a mañana, tarde y noche,
al alba y al mediodía,
en las horas con más claro
y también en las umbrías.

Siendo chispa de mi alma
tú eras quien a mi traía,
aquel mínimo destello
que de tu luna venía.
¿Cómo no me fijé antes?
¿Cómo es que no lo veía?
si tan nítido entregabas
de mí lo que más pedía;
aquella luminiscencia
que aún dentro en mí pervivía
argentada y transparente
como tú de cristalina.

Doy gracias por tu reflejo,
pues eres al despertar,
el presagio de un gran día;
la instantánea que me tomo,
la letra y la melodía
del canto con que enamoro
a diario a la hermosa vida.

Nota:
Tema escrito para el concurso "La palabra espejo sonoro"
Casa de Poesía Silva

Capítulo VIII Poema

A USTED MI JUEZ, MI AUDIENCIA

Con permiso señor juez,
yo como demandante
quiero retomar el cuento,
para quien llega a la audiencia,
se entere que pasa aquí;
y porque doy la pelea
y porque con justa causa
mi cometido defiendo;
y porque pedí juzgado,
para hablar en el momento.

Como artista callejero
levanto voz de protesta,
porque por ser tan pequeño
mi tema no es relevante,
pues no sale ni en la radio,
ni en las redes lo publican;
pero se hizo con las mismas
intenciones que otro artista,
recurriendo a su talento,
logró impactar en el medio;
y hoy con vivas y entrevistas
lo aplauden en los concierto

Usted es juez de criterio
por eso vine a su estrado,
y por eso de este lado
muestro mis composiciones,
poemas, cuentos, canciones;
que si su oído lo permite,

a lo mejor lo deguste
como ese tema famoso
que llegó a su corazón;
y que siempre tararea
en una u otra ocasión.

Como abogado del caso,
me apersono en este instante,
y pido oportunidad
a usted que gusta del arte,
la educación, la cultura;
que las letras y escritura,
de su vida forman parte,
se sirva atención prestar
a este artista que nace,
y que si se lo permite
encantado lo complace.

Señor juez...
es usted únicamente
quien abre su corazón,
para escuchar la canción
o el poema que fue escrito
basado en una experiencia,
un suceso, una vivencia,
o en algo que en la conciencia
el compositor tenía
y que hoy con alegría,
le quisiera yo obsequiar,
para alegrarle la vida
y las penas ahuyentar.

En nombre de mis colegas
le pido a usted el favor,
propagar este mensaje
por todita la comarca;
y que la obra del artista
se difunda y sea una marca,
y que cada inspiración,
por noble o humilde que sea,
tenga la oportunidad
que se le brinda a los grandes
y con ello motivarlo
a hacer patria, historia, arte.

No me queda más que darle
mis más infinitas gracias
por la decisión que tome;
pues es usted auditorio,
cliente, fan y seguidor;
y de su gusto señor (a),
depende que este talento,
ya nunca se quede quieto
y saque del corazón
lo más creativo que haya,
para hacer que su momento
sea más grato y el mejor.

Capítulo IX Cuento

UN REGALO PARA JUANITA

Juanita niña tierna, de carita esculpida por ocho años de intemperie bogotana y de su mano su hermanito menor; los dos tan unidos y huérfanos.

Juanita había oído que desde la terraza de la Torre Colpatria se veía muy bien Bogotá; infructuosamente intentó subir hasta que en navidad la alcaldía autorizó una visita para que los niños de la calle disfrutaran del panorámico espectáculo.

Emocionada tomó el ascensor y cerró los ojitos, al llegar a la terraza su hermanito la condujo al mirador.

"Ya llegamos le dijo"

Ella parpadeó intentando acostumbrarse a la luz:

JUANITA HABÍA RECUPERADO LA VISTA

(Cuento presentado en el concurso Bogotá en 100 palabras - 2019)

Capítulo X Poema

ALCOHOGRAFÍA

Yo ya venía preparado,
listo a triunfar en la vida,
hijo de padres humildes
guerreros sin descansar;
lucharon cien mil batallas
para su prole educar
y poder darle a la patria
hombres buenos sin igual.

Mi taita un hombre de campo,
mi madre dama sin par
trabajando hombro con hombro
para poder levantar
quince retoños que Dios
les habría de designar,
para que fueran su estirpe
y su linaje heredar.

De esa manada de quince
el catorce había de ser
muchacho de grandes sueños,
de anécdotas por doquier,
de correrías y juguetes,
de lápiz, libro y papel
y un rol de artista metido
en el alma de aquel ser.

El futuro era brillante
pal joven en su labor,
pues entre el verde del campo
o al lado de un profesor
iba pasando los días
de alegría y sin dolor,
sin nada más que importara,
que vivir el día de hoy.

Con el transcurrir del tiempo
creyó hallar el gran amor,
en juergas con sus amigos
entre humo, vino y licor;
noche joven de alegría,
medianoche confusión,
fuerte, diciendo me quedo,
frágil, diciendo me voy.

El gusto por la bebida
pronto se hizo familiar,
no faltaba nunca excusa
para poder celebrar
o expresarle a una vecina;
cuánto la podía uno amar;
frase que sin el elixir
no se podía pronunciar.

El amor por el guarito
se imponía a cualquier cosa,
el deber o el compromiso
pasaba a segundo plano
y si una cita tenía
con la mama o el hermano,
ya no importaba incumplirla
con tal de seguirle el paso,
a la rumba que al momento
no me exigía ni descanso,
y en la cual destilaría
mi carisma en el alcohol;
más vano era aquel intento
de artificiosa alegría,
pues mi ser se consumía
lo mismo que aquel licor.

Tanto daño hizo el alcohol
por mucho y variado tiempo,
que al pensar en el momento
en la dañina sustancia,
se siente la repugnancia
que varios años de vicio
llevaríanme al precipicio
de una vida incontrolada,
dejando otra desgarrada;
la de quien tanto quería,
un hijo y esposa mía
quienes perdiera al instante
del momento delirante,
incoherente y de locura
y en el que por poco llego
a una muerte prematura.

Cuando la muerte sentía
y mi casa era el infierno;
cuando el suicidio en mi mente
era desbordante invierno;
una luz fuerte y brillante
a mis ojos enceguese
y una gran comunidad
para salvarme aparece.

Mi gran poder superior
mis rezos había escuchado,
ya que a tan buena hermandad
habíame encaminado;
grupo de hombres y mujeres
de equilibrio emocional,
de valores incontables
y gran fuerza espiritual.

Allí recobré la vida;
mi convicción de existir;
allí un Dios muy amoroso
me permitió resurgir
a una gama de servicios
y gran posibilidad
de volverme mensajero
de esta gran comunidad.

Jamás creí que en el mundo
hubiera felicidad
y que fuera dada gratis
en una gran hermandad,
donde hombres y mujeres
en abrazo fraternal
conquistarán nuevas vidas,
sin recompensa esperar.

Gracias compañero amigo
de apoyo incondicional,
por llevarme de tu mano
y enseñarme a caminar
por una senda segura
donde el miedo ya no existe,
pues el amor es más fuerte
y la esperanza persiste
en llevarme a un horizonte
de paz y serenidad,
donde con gran regocijo
encontré la sobriedad
para que sea compartida
con toda la humanidad
y se cumpla este legado
como gran finalidad.

Capítulo XI Reflexión

UNA LUZ PARA OTROS

No siempre el destino del ser humano será iluminar su propio camino; está demostrado que generalmente cuando la herramienta del amor prevalece en el corazón de una persona de luz, este destello será direccionado a iluminar la senda de aquellos seres que esperan brillar con la luminosidad de quien ha de convertirse en el faro de su vida.

No nos neguemos ante ese privilegio, porque no muchos han sido escogidos para tan altos menesteres, pues generalmente es muy normal esperar recibir antes que dar; ser consolado antes de consolar, ser amado antes que amar.

Los frutos del sacrificio de la entrega serán la gran dádiva que un Dios amoroso tiene como recompensa para quien, sin egoísmo, ha vivido sus días en función de unos seres que mañana podrían transformarse en el sol que ilumine e irradie la felicidad, la dicha y la serenidad que a través del tiempo se ha ganado.

¡Vamos, levántate y sé Luz!

Capítulo XII Poema

OTRO DÍA MAS DE VIDA

Capítulo XII Poema

OTRO DÍA MAS DE VIDA

Debía morir a las siete,
pero el ángel de la vida
se interpuso en su destino
y dispuso para el hombre
otro día más de vida;
otro día más de camino.

"Tu proyección de momento
serán 24 horas,
medio siglo haz existido,
creando postergaciones,
ahora sin vacilones
te invito a actuar al instante
y a escribir en tus memorias,
lo de ayer...todo lo de antes"

Pensativo quedó el hombre
y cautivo de la vida;
pues la opción que se ofrecía
era llorar sin consuelo,
o ponerle a ese otro día,
la acción que le ofrecía el cielo.

Decidió en aquel instante
tomar acción por segundo,
y vivir cada minuto
como si fuera un gran año;
sin tristeza, sin engaño,
sin dolor, sin apatía;
muy responsable sería
con lo que fuera llegando,
y ese último día en su vida
desde ya estaría gozando.

Hoy no me lamentaré,
ni le pelearé al pasado;
será este, mi día, el futuro
que siempre había soñado;
respiraré con firmeza
y muy duro reiré
y a nadie le explicaré
el porqué de mi alegría,
pues es algo que aquí había,
metido en mi corazón
y por no sé qué razón,
jamás se había explorado.

Saludaré a mi vecino
y un abrazo le daré;
tal vez lo sorprenderé,
pues de mí ello no ha esperado,
lo dejaré ahí pasmado
y saldré como en huida,
y no le contaré a nadie
lo pronto de mi partida;
y en voz baja gritaré
mi dicha y sin desconsuelo,
daré gracias al momento,
a Dios y hasta el mismo cielo.

Si niños veo jugando
su pelota patearé,
tan alto la elevaré
que mirarán asombrados
a este hombre embelesado
convertido en un chiquillo,
de rostro resplandeciente
y en sus ojos un gran brillo;
cuyo resumen de vida
hoy es esa algarabía,
juego, risa, correría
de un gran momento inocente
que quiso para un futuro,
renunciando al buen presente.

Hoy por fin no dudaré
en heredar mi riqueza,
y a aquella mano en pobreza
mi moneda le daré;
la mesa compartiré
con quien mi desprecio tuvo
pues el vestir con harapos
y no perfumar su piel,
siempre me apartó de él
poniéndome en exclusiva,
creyéndome diferente
y de gran grupo social,
ignorando que mañana
en la tumba seré igual.

Sin el físico importar,
hoy cortejaré a una dama;
daré gracias por su vientre
pues es terreno fecundo,
y porque una como ella,
me trajo a este lindo mundo;
donde llena de emoción,
de dicha, alegría y amor;
renunció incluso a su vida
por darme a mí lo mejor.

En un templo hoy me recojo
para gracias dar a Dios,
por tremenda inspiración
que ha sido al crear la vida;
por la especie, por el aire,
por la gran naturaleza,
y por la capacidad
de apreciar tanta belleza.

Los minutos se iban yendo,
las horas se consumían...
no comprendo aquel milagro,
porqué una mano algo fría
se posó sobre mi hombro
llamándome la atención,
casi por poco se sale
de mi pecho el corazón,
al ver tan cerca a un amigo
que hace un tiempo había perdido
y que ahora arrepentido
en abrazos me estrechaba;
como diciendo hola hermano
aquí no ha pasado nada.

Sobresaltado de gozo
a mi casa he regresado,
para esperar el final
sin agobio ni asustado;
pues tengo lo que más quiero
que me llena de alegría;
una gran familia mía
que es invaluable tesoro
por ello ahora no lloro
más río muy complaciente
al ver cómo tanta gente
hoy aprueba mi existencia,
quienes, con suma paciencia,
mis locuras toleraron
y casi siempre apoyaron
las decisiones tomadas...
para ellos mí gran legado
que sea de amor y entusiasmo;
que sea de dicha y perdón;
que sea de paz y justicia;
que sea de gracia y unión.

Capítulo XIII Poema

POR CULPA DEL CELU...

ME CALENTARON EL CU...

Échele el ojo mijo
Échele el ojo a la leche
que no se vaya a regar;
me gritaba mi mamá
saliendo para la tienda,
ahora no es que se empendeje
con el bendito güasá
y se quede su hermanito
sin nadita que tomar.

Yo no me demoro tanto
nada más voy a comprar
un cilantro pa la sopa
y a charlar con doña Ubijes
pues ya llegó su muchacho
y algo tendrá pa contar.

Si mamá vaya tranquila
yo le vigilo la leche
y aquí me quedo parao
chatiando con Dora Inés
veré feisbuc e istagran
tuiter, mesinger, gimeil
y por si acaso un correo
mientras tanto mandaré.

El proceso fue fluyendo
la olla en la estufa siguía;
un reojo yo le hacía
y a veces una mirada,
más atención me llamaba
una foto que llegó
de una modelo argentina
estrenando beibidol.

La leche seguía hirviendo
mientras tanto en la llamada
un amigo me invitaba
pa' que mirara en eventos
el anuncio del concierto
que con ansia se esperaba;
y que ya mismo llamara
pa' hacer las reservaciones
pues más tarde cortesías
ni siquiera en los balcones.

La alegría me invadió
del celular seguí en uso
concentrado en mi tarea
de conseguir las boletas;
fue entonces cuando la olleta
decidió desparramarse
sacando toda la leche
sobre la estufa caliente
chirrión que sintió el vecino
que allí se hiciera presente.

Estupefacto quedé
mudo, tieso y confundido,
solo pensé en mi mamá
y en el guámbito adorado
el cual con tecnología
no estaría bien almorzado.

De aquella leche en la casa
no queda sinó el pegao...
Fue el mensaje que le envié
a mi madre consternao;
mientras tanto que pal rejo
alisté el rabo pelao.

Cantaleta me sobró,
correa, pellizco y castigo;
decomisó el celular
y del resto no les digo
hoy la del chateo es ella
en la sala y la cocina,
ríe, canta y habla sola
o con alguna vecina.

Sin el celu en el colegio
hoy no hago la diferencia
incluso hasta la paciencia
se encuentra minimizada
por una gran embarrada
que una sencilla tarea
me devolviera a la idea
de tener que consultar
en un libro de adeveras
y no en el mundo virtual.

Capítulo XIV Reflexión

UNA HISTORIA,

UN CIGARRO

Daniel y Luis, entrañables amigos; compañeros de mil batallas; cómplices de pilatunas desde la infancia, pero sobre todo siendo cada uno ese soporte firme e incondicional que necesitaba el otro en los malos momentos de la vida, se reencontraron un día.

El destino los había distanciado porque el rumbo de sus caminos en formación académica y laboral, así lo exigía, situación que los separó por casi treinta años, tiempo en el cual cada uno construyó sus negocios, una familia, con sus respectivos proyectos y sueños a futuro.

Por una bonita coincidencia estos dos buenos amigos se encontraron nuevamente en la misma ciudad, donde las jornadas de compartires, se fueron haciendo cada vez más frecuentes y amenas. Tales reuniones pronto los sumergió en un mundo de amor y unión, no sólo a ellos, sino también a sus esposas e hijos.

En una tarde de plan familiar con asado, risas y buenos recuerdos Daniel invitó a Luis a que salieran a fumarse un cigarrillo, gran sorpresa se lleva Daniel a recibir la negativa de Luis aduciendo que ya no fumaba y después de la consabida pregunta del porqué, esto le explica Luis: "Querido amigo...mi manera de fumar se hizo cada vez más progresiva, más necesaria, más compulsiva... hasta llegar al punto, unas veces, de tener que suspender mi descanso nocturno por levantarme a fumar, en otras, abandonar la oficina o una extensa reunión por mi adicción al tabaco y lo que es peor, no asistir a eventos importantes para mis hijos porque en esos recintos estaba prohibido fumar y así como estos, muchos otros acontecimientos similares.

Un día me di cuenta del gran daño que esta adicción le estaba haciendo a mi vida y compartí mi preocupación con un amigo, quién con mucha sutileza me dijo: "pues mi hermano no entiendo como tú siendo un ser tan inteligente, tan disciplinado, tan responsable y tan amoroso, estés sucumbiendo ante algo tan pequeño e insignificante" acto seguido me dijo: "dame un cigarro" se lo di, lo paró en el suelo con el filtro hacia abajo y me dijo: "Por favor párate al lado de este minúsculo producto" lo hice y agregó señalando el cigarrillo: "eres gigante comparado con ese algo - y si le llamo algo es porque apenas es poco más que nada - con ese algo que te está destruyendo; con ese algo que te está robando la alegría, la paz, la familia, la salud... la vida. ¡Mírate! ¡Compárate! pregúntate cuál de los dos será más inteligente; Cuál tiene más poder... pues yo digo que el pequeño cigarro por supuesto, porque te doblega, te subyuga, pereces ante él, se adueña de tu voluntad".

Y prosiguió mi amigazo diciendo "tú eres un gran hombre, un excelente padre un buen ser humano; mira lo que es tu competidor": cogió el cigarro lo prendió y dejó que el viento lo redujera a cenizas, las cuales se convirtieron en partículas casi invisibles en el suelo; y luego afirmó "ese era tu mundo, te invito a que decidas volver a tener el control de tu vida y tus actos, porque si no, este algo que ya te redujo a su tamaño te convertirá en cenizas" y añadió Luis "después de ese día, con mucho sacrificio pero con una gran voluntad, comencé un proceso de abstención que hoy, cinco años después, me permite llevar una vida calmada y serena, que jamás había imaginado".

Con ojos llorosos Daniel abrazó a Luis manifestándole inmenso agradecimiento por compartirle tan maravillosa experiencia.

Capítulo XV Poema

EXALTACIÓN A SAN FÉLIX

Nací en un pueblo chiquito
enclavado en la montaña,
de exuberante paisaje
y colorido verdor,
donde gente honrada y buena
cultivaba a diario el campo,
y abonaba su cosecha
con su esforzado sudor.

Allí llegaron colonos
de diferentes regiones,
aportando a la cultura
del caldense emprendedor
esencia pa' que esa tierra
se convirtiera en despensa
y le produjera al mundo
alimento por montón.

Cuando llegaba el paisano
Saludaba ¡Buenos días!
de inmediato le ponían
un cafecito en su mano,
¡Bienvenido don José!
¡Sígase pues más pa' dentro!
¿Cómo han estado en su casa?
venga nos relata el cuento.

Y se compartían noticias
de todos y cada uno,
mientras se hacía la roñita
pa' esperar el desayuno;
después de un rato contento
de buena departición,
la visita se marchaba
con grata satisfacción.

Los hijos del campesino
crecían amando la tierra
y entre vacas y caballos,
pico, azadón y una sierra;
abrían trocha y desgajaban
del árbol fuerte y augusto,
la madera que, en su casa,
los abrigaría con gusto.

Entre umbrosas arboledas
y la pureza del agua,
el arriero y su mirada
movían carga por doquier;
y así contaban al mundo
que al norte del viejo Caldas,
se divisaba el paisaje
más hermoso que hay por ver.

Por mucho tiempo vivimos
en el cielo sin saberlo
y es que el paraíso queda
en San Félix mi señor!
es nuestra palma de cera
el emblemático árbol,
con que identifica el mundo
a todita la nación.

Un loro orejiamarillo
observa arriba en la palma,
como el ganado normando,
orgullo de la región,
guiado por el campesino,
pasta a su antojo en las mangas,
que hacen especial su raza
y a San Félix le da honor.

Cómo volver al pasado
para poder disfrutar,
el juego con los amigos,
el aro, el trompo, el billar;
las muchas vueltas al parque
e impunemente timbrar,
en la casa de la doña
y en estampida volar.

Fue el Instituto San Félix
la fuente de inspiración,
donde aprendimos de Gabo,
de Sócrates y Baldor;
de civismo y de principios,
de verraquera y tesón,
para irnos a las ciudades
a hacer patria y profesión.

Pleno de agradecimiento
por lo que un pueblo me dio,
quiero exaltar a mi gente
de ancestro trabajador,
brindando con alegría
este mensaje de amor,
con la promesa de darles
de mí siempre lo mejor.

Gracias cielo de mi infancia,
paisaje multicolor,
por tu clima, por tus palmas,
por tus frutos y sabor;
por tu gente y tus colonias
y perenne vocación
de hacer de éste, mi terruño,
el mejor de la nación.

Capítulo XVI Reflexión

EL MAIZAL FAMILIAR

Hace años una pareja se juntaría con el noble objetivo de formar una familia, de hacerse responsables no sólo de sus vidas sino de las de unos hijos, cuyo número en ese momento se desconocía (de lo contrario no hubieran dicho si en el casorio.... jajajajaja). El número de hijos llegaría a 15, permitiendo ello, convertirse en una de las familias más fecundas de la comarca.
Esa sólida mazorca con 17 granos, da vida a muchos retoños con los cuales hoy somos muy felices.
De los 17 granos originales, se irían desgranando paulatinamente y por motivos de salud, algunos de ellos: primero la parca (como llama Serrat a la muerte) se llevaría la representación varonil y cabeza del hogar, encarnada el padre, sin que una voz melodiosa con su infantil llamado le otorgara el honroso título de Abuelo; luego sobrevino la inesperada partida de una de las 10 hijas del clan; posteriormente la gran matrona pasa a hacer parte de la corte celestial; unos años después el primer hijo de la originaria pareja, dejaría el mundo terrenal.

Cada grano irá cayendo por su cuenta... son los designios de la vida. Hoy un miembro menos, un gran recuerdo más. Otro de esos bellos recuerdos a los que aspiramos sumarnos todos dejando, en lo posible, una huella maravillosa y un gran legado como lo han hecho quienes nos anteceden; ojalá cada día de existencia lo vivamos con la intensidad del amor, de la felicidad, y la certeza de que hoy poseemos el tesoro más grande del mundo, como es nuestra estupenda relación y unión familiar.
Gracias al todopoderoso por cada uno de esos seres preciosos que en la huerta de la vida hoy llevan en sus genes la herencia de una privilegiada clase de mazorca.....La Serna Osorio (y sus derivados... jajajaja)

CapÍtulo XVII Poema

ELEGÍA A LA VIDA

Hay un enigma que no es muy claro
y siempre en la mente del vivo estará;
cuando viene a la vida otro ser humano
surge la pregunta ¿Cuándo morirá?

Son mil las acciones para protegerlo,
mucho cuidado y gran atención;
cual, si se tratara de algún ser eterno,
que al crecer alcance la perpetuación.

Es duro entender que el fallecimiento,
es de la vida la prolongación;
pues para marcharse nadie se prepara,
ni existen cursos de vida mejor.

Si muere el rico lo llora el pobre,
porque sin duda trabajo le dio;
si muere el pobre lo llora el rico
porque es muy claro: para él trabajó.

Si un día seguro llega la muerte,
quiero con cantos hacerle un honor;
darle las gracias por dejar huella
y buen legado de mucho amor.

Invito al mundo a no ver la muerte,
como del ciclo la terminación;
pues es la herencia que deja un hombre
y hasta el comienzo de una gran misión.

Si muere el hijo, lo llora el padre,
porque sin duda su sangre le dio;
si muere el padre, lo llora el hijo,
porque sus genes en el trasmitió.

Capítulo XVII Reflexión

¡UN ADIÓS,

UN GRAN RECUERDO!

Hoy una mujer buena de lento caminar, se apresuró a la experiencia que existe después de la vida en la tierra. Una madre intachable, de imparable trabajo en la formación de una familia, le dijo adiós al legado de su vientre; con la misma parsimonia con la que se le veía enfrentar cada suceso de la vida. No se fue sin dejar nada... tenía que heredarle a la vida el fruto de sus entrañas representado en tres maravillosos hijos, que le dieron el placer de hacerla sentir como la gran reina, la dama, la madre, la señora, laaa sin duda alguna; ¡La Mujer Más Importante de Sus Vidas! Gracias hermana mayor porque dejas en mi cajón de recuerdos, divinos momentos compartidos en el verdor del campo sanfeleño, con aquellos amigos con los cuales compartíamos las locuras de unas vacaciones que borrar de la mente es imposible.

Gracias Raquel por tanta felicidad compartida con tus padres, con tus 14 hermanos, con tu esposo, y con una familia que gracias a tu trabajo, tu verraquera, tu honestidad, tu responsabilidad y tu amor, nos dejaste como legado, pues es por ti que hoy los Murillo Noreña nos permiten el privilegio de sentirlos casi hermanos de sangre.
Si hoy una lágrima brota de nuestros ojos por ti, no es de tristeza, es de profundo agradecimiento por tan maravillosa existencia, pues lo que has sembrado en esta tierra, tenlo por seguro, que será tu trono en el descanso junto al creador y motivador de la vida.

Gracias... ¡Mil y mil gracias!

Capítulo XIX Poema

¡AH, DIZQUE FELICIDAD!

Una noche tuve un sueño
y creí que era verdad;
dizque en mi vida futura
tendría la felicidad,
que volaría por el mundo
por Miami y por Dubai;
y que en un yate de lujo
conquistaba el rojo mar.

Una rubia y dos morenas
conmigo se contorneaban,
y eran la envidia de muchas
pues dinero les sobraba;
gemas, diamantes, rubíes
sus cuerpos engalanaban,
y con caricias y besos
mi confianza se ganaban.

Patrón me decían en la calle
y hasta la venia me hacían,
y me veían en la tele
por la fama que tenía;
pues en las fiestas regalos
repartía cada año;
y en pago me nombrarían
el súper hombre del año.

Todo lo tenía en mi vida
carros, dinero, caviar,
las fincas para el verano,
los caballos pa' montar;
el licor pa' hablarles duro
a quien quería regañar;
y una corte de servicio
que me encantaba mandar.

Un viejo reloj de cuerda
a las seis me despertó,
y casi le echo un madrazo
pues del sueño me sacó;
¿Cómo pudo aquel sonido
volverme a la realidad,
y cercenarme el proyecto
de falsa felicidad?

Este sueño tan hermoso,
lo vi como un gran llamado
para ponerme en la acción,
que siempre había postergado;
y por ello me propuse
el gran objetivo e' vida
lograr lo que en aquel sueño
veía como profecía.

La fortuna me sonrió
y me sobraron placeres,
anduve por todo el mundo
con buen whisky, humo y mujeres,
dinero, amigos, comida
y falsa felicidad;
pues pensé que ello sería
por toda, la eternidad.

Una cadena de errores
se sumaría a mi existir,
ni siquiera imaginé
lo que tendría que vivir;
ver derrumbarse castillos,
todas las puertas cerradas
y quedar solo en el mundo
sin prever casi nada.

Meditabundo quedé y
extasiado en el momento,
pues me dije yo a este cuento
aquí le pongo otra parte,
de este día en adelante
no espero felicidad,
la vivo con lo que tengo de
momento en el presente,
con lo que Dios y la gente
hoy le aportan a mi vida,
por el techo y la comida,
por el trabajo y el sol;
por el poder levantarse
saludable y con amor,
por el agua que a este cuerpo
le da frescura y vigor
y por un vestido limpio que
un día una mano tejió.

Desde hoy en adelante
al cielo no pediré,
en cambio, al gran poderoso
todo lo agradeceré
por el aire que respiro,
por el lecho en que dormí,
por la paz con que lo hice
y por el sueño que viví;
por otro día de sol o
de lluvia mañanera
pues es la fuente de vida y
lo que el campesino espera,
pa' madurar la cosecha
y llevar felicidad,
a través de sus productos,
a toda la gran ciudad.

Gracias al Dios creador por
la esposa y el esposo,
por la chica inteligente,
por el muchacho buen mozo,
por el niño que con gozo
se recrea hoy en el parque,
por la herencia del abuelo
y por su lucha constante,
por hacer de la familia
núcleo de la sociedad,
para entregarle al país
con toda la honestidad,
los frutos de su experiencia,
conocimiento y demás
y extender un gran legado
de vida, de amor y paz.

Gracias daré por mi hijo
que me da felicidad
al verlo salir contento
para su universidad,
gracias por el fuerte abrazo
que al despedirse me da,
gracias porque ya no hay queja
pa' luchar por un futuro,
sea suave o sea duro,
será de gran bendición;
donde con todo el amor que
a mi pareja profeso
cuando el éxtasis de un beso
en mis labios atesoro,
momento en el que no cambio
la felicidad por el oro.

Vive la felicidad...
ya no la postergues más,
sé feliz con lo que tienes
pues la vida te lo da;
ve al trabajo con aspecto
de alegría sin igual,
pues sin él un gesto
alegre difícil se te dará
da gracias al Poderoso
por cumplir lo prometido
y por esa gran herencia,
que ojalá sea tu objetivo.

Capítulo XX Poema

¡VIVE!

¿Será verdad que todo tiempo pasado fue mejor?

Si fuera cierto este hecho ¿por qué al ser humano le cuesta tanto vivir en el presente; en el aquí y el ahora? generalmente el hombre es un gran proyectador, un excelente soñador, un gran hacedor de preocupaciones del mañana.

Hoy quisiera que en mi mente existieran los mejores recuerdos de esos días en que todo era sueños y lindas proyecciones de un futuro que se creía había sido, como dice el Chapulín Colorado, fríamente calculado; pero que se presentaría con una que otra sorpresa alterando ligeramente dichos planes futuristas.

De lo que sí estoy seguro es que desde este momento podré renunciar a cualquier Pre-ocupación o Pos-ocupación que podría cambiar la tranquilidad de este momento, pues pensar en la próxima cuota del banco, en el pago del próximo semestre, en las próximas vacaciones, o en el futuro recorte de personal de la empresa; es motivo suficiente para cambiarle el sentido a este momento en el que podría estar expresando el gran amor al ser querido, valorando el descanso, saboreando un sabroso café, disfrutando de una charla, viendo una buena película o simplemente entrando en contacto conmigo mismo, sumergido en una muy saludable meditación u oración de agradecimiento.

Te invito a que hoy vivas tu juventud a plenitud, porque luego todo este tiempo tan sólo será pasado.

Vive hoy...vive ahora...vive yaaaaa

Capítulo XXI Poema

PERFECCIÓN TOTAL

En un día de buen ambiente
y grata conversación,
después de un breve silencio
o tal vez meditación;
un amigo me pregunta
entre risa y emoción...
¿Vos creés que haya en el mundo
algo en total perfección?

La pregunta me sorprende
pues al tema no venía,
pero le doy la respuesta
por norma de cortesía:
Claro que hay algo perfecto
te lo voy a demostrar,
está justo ante tus ojos
mi descripción oirás.

Le llaman dama, mujer,
chica, fémina o beldad;
sin su presencia no hay vida;
esa es una gran verdad;
pues ella es la proyección
del amor, de la inocencia;
de la dicha y la alegría;
de la fuerza y la existencia.

Su físico me enloquece
y ese cuerpo escultural;
es deleite ante mi gusto
por simple ley natural;
observar sus lindas piernas
sobre elegante calzado
es suficiente motivo
para sentirse extasiado.

Oh qué linda minifalda
cobija de gran tesoro,
pues es su sexo una gema
con mayor valor que el oro;
allí se inspira la vida
buscando fecundación
dándole a un vientre alegría
y al hombre su proyección.

Cómo no hallar perfección
al ceñir una cintura
que hace de esa mujer;
la más de las esculturas;
imposible no admirar
su rítmico movimiento,
su cadencia, y la alegría
que aviva mi pensamiento.

¿Cómo no hablar de sus senos
sin llenarse de pasión?
¿Cómo no admirar a un niño
consumiéndose ese amor?
sustrayendo el alimento,
la energía, ese sabor
que lo hará grande y vital,
triunfador y soñador.

Mencionar su suave cuello,
donde mi boca he posado,
y sentir esa fragancia
y quedarme embelesado;
es sinónimo de calma,
de luz, de paz y dulzura;
y es no querer apartarse
de tan hermosa criatura.

Contemplar sus bellos ojos
y besar sus dulces labios,
es verlo todo sutil
en un mundo sin agravios;
es sentir su tersa piel
al recorrer su mejilla
y es observar en mi mundo
la octava maravilla.

Ese cuerpo no podría
moverse con perfección,
si en su interior no tuviera
tan hermoso corazón;
allí nacen sentimientos
que la vuelven especial,
para iluminar la noche
y quererla siempre amar.

A una mujer así,
una vez le llamé madre,
y otra fue mi esposa fiel,
mi vida, mi complemento;
quién al marcharse de mí
en medio de un gran lamento;
me inspiró y que, de tal ángel,
que narro en mi descripción,
pueda amigo asegurarte
que es la total perfección.

Capítulo XXII Reflexión

Hola...soy yo, tu madre. Perdona el hecho de que por primera vez te escriba tan indignada; pero es que me siento dolorida, abatida, despreciada, abandonada e ignorada y lo que es peor aún: no veo en tus ojos la sinceridad de un pronto cambio, no noto en tu actitud la disposición de devolverme el bienestar que merezco y el respeto que me debes; ni siquiera tus palabras harían a la ligera una promesa para ofrecerme una mejoría en mi ambiente; tu displicencia, al caminar conmigo, me dice que en tu mente no existe el menor asomo de querer procurarme un mejor existir, te veo impávido ante estos acontecimientos que hoy me desgarran, que hoy minimizan mis minutos, que hoy reducen mis ganas de seguir por ti germinando; no siento en tu paso a paso, la construcción de un futuro, sino la destrucción de un presente; no siento en ti la menor voluntad de dejar la mejor de las herencias; ese inmenso legado que te di y que has dilapidado, en vez de protegerlo para donárselo a tu hijo. Ofrezco disculpas por tan fuerte expresión, pero siento que mi corazón cada vez late más débil, más cansado, más triste y desolado; es esta angustia que me aqueja hoy, la que me lleva a pedir de ti una reacción.

Yo te parí con inmenso amor, te doy cobijo, lecho, dulzura, anhelando de tu parte esa pequeña retribución para poder contagiar a tus hermanos, de alegría, prosperidad, bienestar, paz y felicidad; pero repito; hoy en tu actitud no veo futuro; siento que me quemo y apagar ese fuego es ya casi imposible; quiero respirar pero cada vez me resulta más difícil entre tan tóxicos y letales desperdicios que vas dejando a tu paso y que envenenan mi piel y arterias, impidiendo que el aire puro oxigene mis pulmones; se me hace muy dificultoso desplazarme por la acera, donde tanta basura obstruye mi lento caminar; pido por lo pronto solamente unas gotas de reflexión que permitan a tus ojos y los míos recuperar la visión que entre tanta polución existente hoy, impide ver claro el horizonte, el bello verde de las montañas, el azul del cristalino mar.
No quiero perturbarte más con mis quejas y sinsabores; lo único que te pido es un poco de consciencia porque deseo seguir existiendo, deseo seguir siendo lindo refugio para aquellos que llegan y anhelan el gran privilegio de gozar un paraíso con el que soñaría todo ser humano. Gracias por tenerme en cuenta, cuidarme, consentirme y valorarme...

Cordialmente, LA TIERRA

CLAMOR DE LA MADRE...TIERRA

Acerca del autor

Óscar J Serna, artista nacido en San Félix, Caldas, desde muy niño sintió el llamado de las letras; siempre se ha sabido un enamorado de las palabras en sus sonidos y significados, vocación que primero lo llevó a hacerse declamador y que complementada luego, con estudios en locución, actuación y técnica vocal, lo llevaron a presentarse en importantes programas radiales y televisivos y en distintos escenario de la geografía colombiana y que hoy dan origen a su primer libro como pensador y creador poético.

El Poeta del Pueblo seudónimo que le acuñó uno de sus seguidores, ha incursionado con mucha propiedad y aceptación en la poesía costumbrista, terreno literario donde ha plasmado su obra en tres volúmenes discográficos que ha titulado Sentimiento Hecho Poesía, los cuales constan de 28 poemas, siendo el primero una compilación de los clásicos del Indio Duarte, el segundo composiciones de Gustavo Arias, escritor bogotano, y un tercer CD con dos temas de autoría propia.

Óscar J Serna, artista nacido en San Félix, Caldas, desde muy niño sintió el llamado de las letras; siempre se ha sabido un enamorado de las palabras en sus sonidos y significados, vocación que primero lo llevó a hacerse declamador y que complementada luego, con estudios en locución, actuación y técnica vocal, lo llevaron a presentarse en importantes programas radiales y televisivos y en distintos escenario de la geografía colombiana y que hoy dan origen a su primer libro como pensador y creador poético.

www.ingramcontent.com/pod-product-compliance
Lightning Source LLC
LaVergne TN
LVHW012114160826
845678LV00014B/3092

* 9 7 9 8 7 0 1 7 6 3 7 1 3 *